北京奥运城市发展促进会倾情呈现

北京奥运遗产漫画绘本

探秘北京冬奥会

趣谈知识

谢　军 / 总主编　刘海元 / 主编
赵　川 / 绘

中国少年儿童新闻出版总社
中国少年兒童出版社
北　京

冬季奥林匹克运动会简称冬季奥运会或冬奥会，是由国际奥林匹克委员会主办的世界性冬季项目运动会；冬季残疾人奥林匹克运动会简称冬残奥会，由国际残疾人奥林匹克委员会主办。冬奥会和冬残奥会的比赛在冰面上和雪地上进行，比赛项目都是适合冬季开展的体育运动。2022 年，北京将举办第 24 届冬奥会和第 13 届冬残奥会，成为迄今为止世界上唯一既举办夏奥会又举办冬奥会的“双奥之城”。

古代奥运会

公元前776年，古希腊人在奥林匹亚城举行盛大的竞技赛会，赛会期间各个城邦要停止战争，通过公平的比赛争夺戴橄榄冠的荣誉，优胜者被认为是和众神之王宙斯一样的英雄。就这样，古代奥运会诞生了。

在最初的古代奥运会中，比赛项目比较单一，场地也很小，比赛跑道的长度还不到200米。后来，比赛场地扩大了，项目也增多了，战车赛、跳远、拳击、摔跤、铁饼、标枪等都成了古代奥运会的比赛项目，而且，这些项目与古代战争时士兵需要掌握的技能密切相关。

奥运会复兴

古代奥运会在公元 394 年被罗马皇帝狄奥多西一世取消，竞技活动渐渐被人们遗忘。

19 世纪后期，一位法国男爵——皮埃尔·德·顾拜旦复兴了奥林匹克运动，提议在希腊举办第一届现代奥运会，并按古代奥运会的传统，每四年举行一次。

参与比取胜更重要。
皮埃尔·德·顾拜旦
（1863 ~ 1937）
现代奥林匹克运动的发起人
顾拜旦是位很重要的人物吗？
是的，有了他才有了现代奥林匹克运动会。

现代奥运会

1896年4月6日，第一届现代奥林匹克运动会在希腊雅典开幕，出席开幕式的观众达8万人之多。奥运会的比赛项目有田径、游泳、举重、射击、自行车、体操、击剑、网球、古典式摔跤9大项。

快看啊，要开始了。
预备！
男子 100 米跑
我要加油！
击剑
加把劲儿啊！

奥运标志

奥林匹克运动的标志是奥运五环。奥运五环由蓝、黄、黑、绿、红5种颜色的圆环从左到右互相套接组成，上面是蓝、黑、红环，下面是黄、绿环。五环象征五大洲的团结，以及全世界的运动员以公正、坦率的比赛和友好的精神在奥林匹克运动会上相见。

奥林匹克精神是相互理解、友谊、团结和公平竞争。
原来这就是奥运五环标志的意义呀！

奥运精神

“更快、更高、更强——更团结”是奥林匹克的格言，表达了奥林匹克运动不断进取、永不满足的奋斗精神和不畏艰险、勇攀高峰的拼搏精神。奥运会的意义就在于通过这种精神，凝聚和激励全世界的人，让人类成为一个更加团结的命运共同体。虽然奥运会每个项目的冠军只有一个，但奥林匹克精神却是运动员们共有的。

张丹和张昊是我国花样滑冰双人滑运动员，在都灵2006年冬奥会上，他们挑战高难动作，但张丹在落冰时摔倒受伤。当观众以为他们会退出比赛时，他们选择继续比赛，最终获得银牌。但这枚银牌所体现的精神比金牌还宝贵！这就是奥林匹克精神。

奥运冠军

奥运会是运动员展示自己的最高舞台，每位运动员都希望成为奥运冠军。为此，他们会刻苦训练、发奋图强、努力进取，经历常人难以想象的困难，争取在奥运赛场上夺得金牌，站在最高领奖台上。所以，奥运冠军也是永不放弃、勇于拼搏的奥运精神的象征。

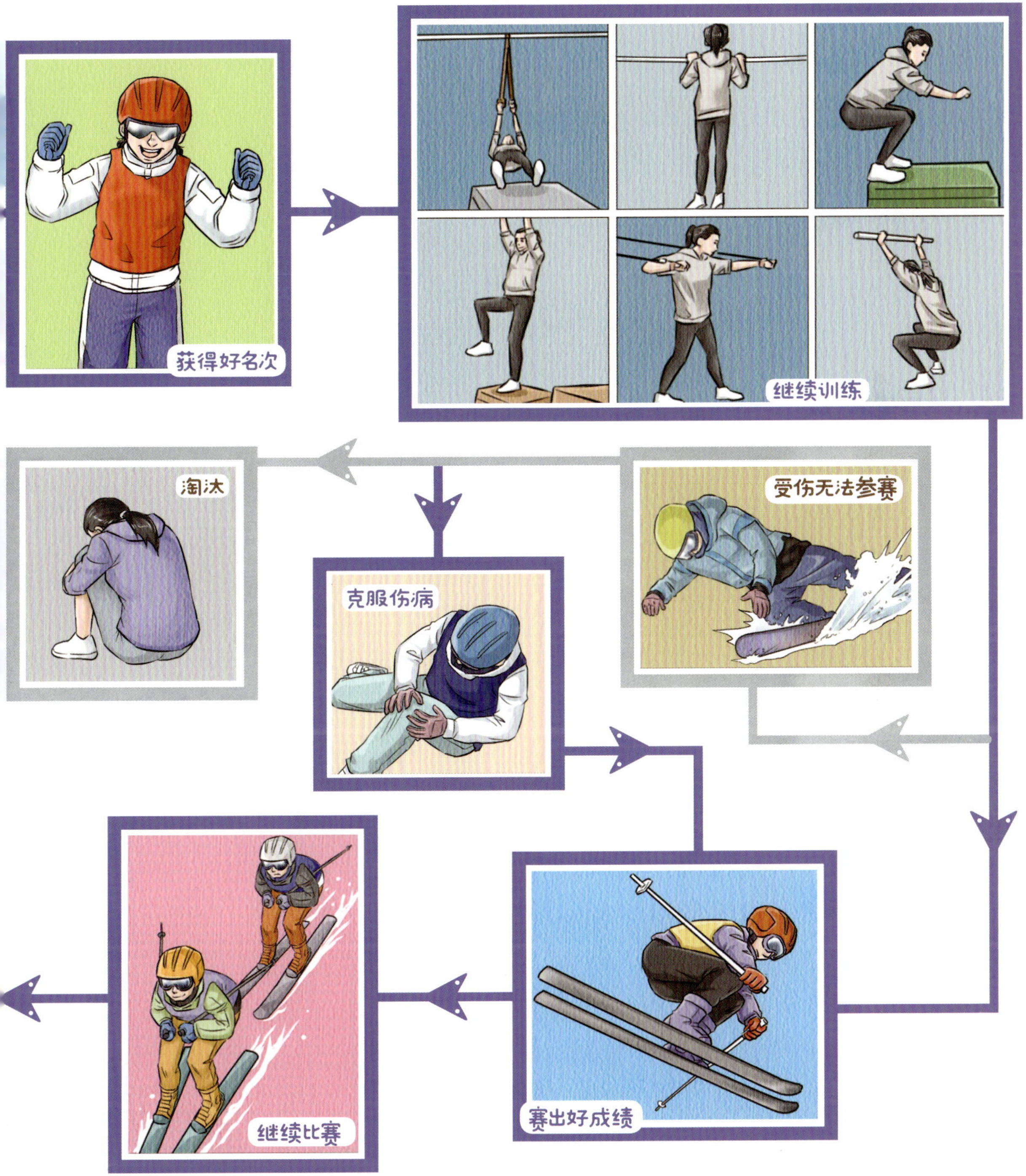

获得好名次
继续训练
淘汰
受伤无法参赛
克服伤病
继续比赛
赛出好成绩

奥运奖牌

古代奥运会冠军得到的奖赏是橄榄冠，是用橄榄枝编成的花冠。现代奥运会用真实奖牌奖赏每个比赛项目的前三名运动员。

颁奖仪式在比赛结束后进行，奏第一名运动员国家的国歌。冠军获得的是金牌，将站在颁奖台的最高一级台阶上。

平昌 2018 年冬奥会短道速滑男子 500 米颁奖仪式

奥运圣火

奥运会的发源地在希腊，奥运圣火采集方式遵循古希腊时的传统，由一名女祭司在奥林匹亚城的神庙前朗诵赞美太阳神的颂词，然后通过太阳光集中在凹面镜中央产生高温来引燃圣火。

采集的圣火会被装在特殊材质的容器里，点燃第一名火炬手手中的火炬。随后，在奥运会开始前，进行奥运圣火传递，圣火传递会经过大陆、海洋、山脉、太空……将奥运的理念和精神传到各个地方。

圣火采集

2000 年奥运会，奥运圣火水下传递

2008 年奥运会，奥运圣火珠峰传递

2014 年冬奥会，冬奥圣火太空传递

2008年，李宁点燃北京奥运会主火炬

最后，奥运圣火会传递到主办城市，在开幕式上进行奥运圣火点燃仪式。主火炬点燃是奥运会开始的象征，是最激动人心的时刻，所以，点燃主火炬的人通常是来自举办国家的奥运英雄。

冬季奥运会

随着现代奥运会的不断发展，雪橇、滑冰、冰球等冬季冰雪运动项目也得到很好的普及和蓬勃开展。因此，顾拜旦建议单独举办冬季奥林匹克运动会。

第一届冬季奥林匹克运动会于 1924 年在法国夏蒙尼举行。冬季奥运会很快激起了人们的热情。

曾经，冬季奥运会和夏季奥运会在同年、同一个国家举行。从 1928 年开始，冬季奥运会和夏季奥运会的举办地改在不同国家，但是在同一年举行，从 1994 年起，才把时间也错开，每两年交替举行。

历届冬奥会

1924 年 法国 夏蒙尼

1928年 瑞士 圣莫里茨

1932 年 美国 普莱西德湖

1936 年 德国 加尔米施—帕滕基兴

1948 年 瑞士 圣莫里茨

1952 年 挪威 奥斯陆

1956 年 意大利 科尔蒂纳丹佩佐

1960 年 美国 斯阔谷

1964 年 奥地利 因斯布鲁克

68 年 法国 格勒诺布尔

1972 年 日本 札幌

1976 年 奥地利 因斯布鲁克

1980 年 美国 普莱西德湖

1984 年 南斯拉夫 萨拉热窝

1988 年 加拿大 卡尔加里

1992 年 法国 阿尔贝维尔

1994 年 挪威 利勒哈默尔

1998 年 日本 长野

2002 年 美国 盐湖城

2006 年 意大利 都灵

2010 年 加拿大 温哥华

2014 年 俄罗斯 索契

2018 年 韩国 平昌

2022 年 中国 北京

吉祥物和会徽

北京 2022 年冬奥会和冬残奥会的吉祥物分别是“冰墩墩”和“雪容融”。“冰墩墩”的形象原型是中国国宝动物大熊猫，“雪容融”的形象原型是吉庆灯笼。

北京冬残奥会会徽 飞跃

北京冬奥会会徽 冬梦

北京冬奥会会徽名为“冬梦”,以汉字“冬”为灵感来源,图形上半部分展现滑冰运动员的造型,下半部分表现滑雪运动员的英姿,中间舞动的线条流畅且充满韵律。“BEIJING 2022”字体的形态汲取了中国书法与剪纸的特点,体现了与会徽图形的整体感和统一性。

北京冬残奥会会徽名为“飞跃”,展现了汉字“飞”的动感和力度,会徽巧妙地幻化成一个向前滑行、冲向胜利的运动员,坚定的形象也呼应着北京2022年冬残奥会的理念——我能!

北京冬奥会火炬

北京2022年冬奥会、冬残奥会火炬秉持绿色、可持续的理念，将艺术设计与科技创新完美融合，展示了中国传统文化与奥林匹克精神的精彩碰撞。

“双奥之城”的传承与发扬

作为奥运历史上首座“双奥之城”，火炬整体外观与北京2008年奥运会开幕式主火炬塔相呼应，体现了“双奥之城”的传承与发扬。

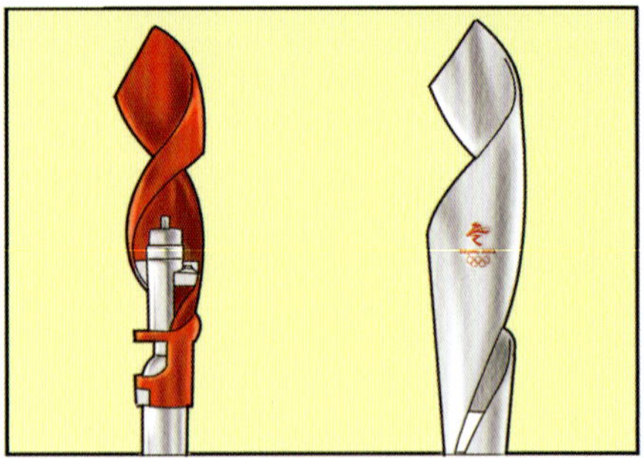

开合有道的东方智慧

火炬的拆装借鉴了富有东方智慧的孔明锁，需要特定角度才能开合。

从“祥云”到“瑞雪”

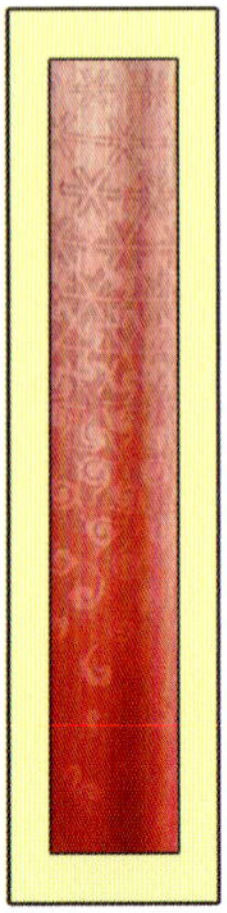

火炬以祥
纹样“打底”
自下而上逐渐
渡到剪纸风格
雪花图案，最
汇聚成为飞扬
火焰。

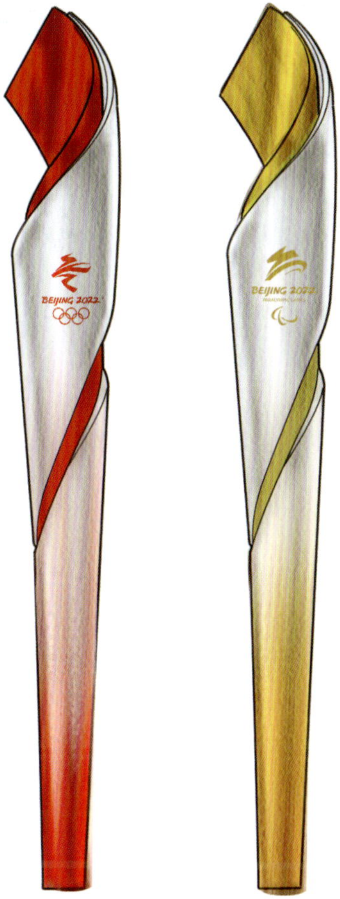

北京 2022 年冬奥会、冬残奥会火炬

北京冬残奥会火炬下方有一圈刻有“北京 2022 年残奥会”全称的盲文呢！

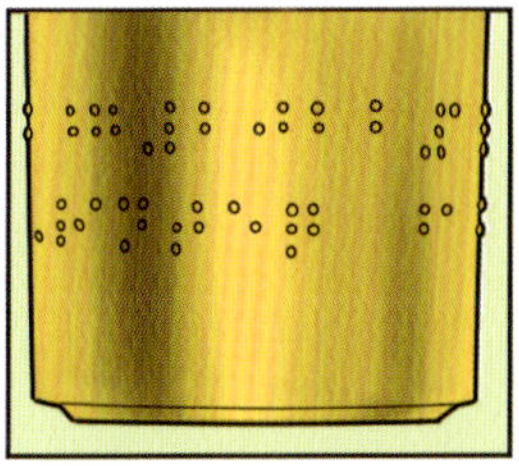

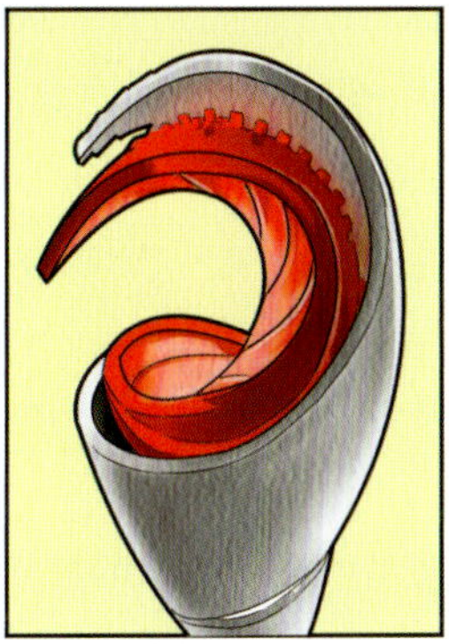

航天材质　环保燃料

火炬外壳采用了碳纤维材料。该材料重量不到钢的四分之一，强度却是钢的七八倍。这样，火炬又轻又耐高温！

火炬以清洁能源氢作为燃料，环保又安全。

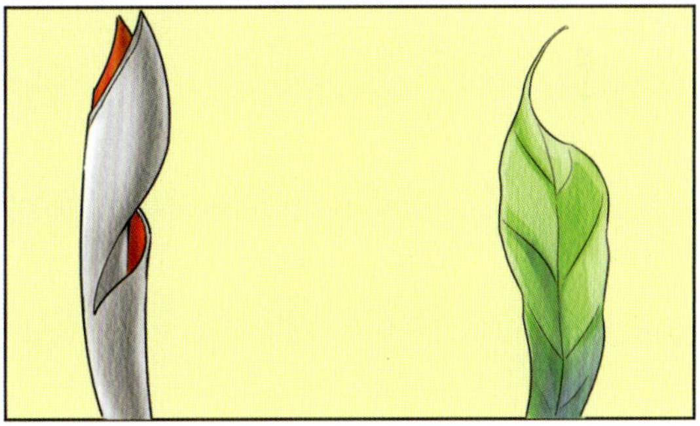

古典时尚的外观造型

火炬以空心螺旋上升式的飘带作为主要特征。飘带造型自然柔和，灵感来自轻盈灵动的树叶，与中国传统文化中的“道法自然，天人合一”的思想完美契合。

顶部相扣　相知相融

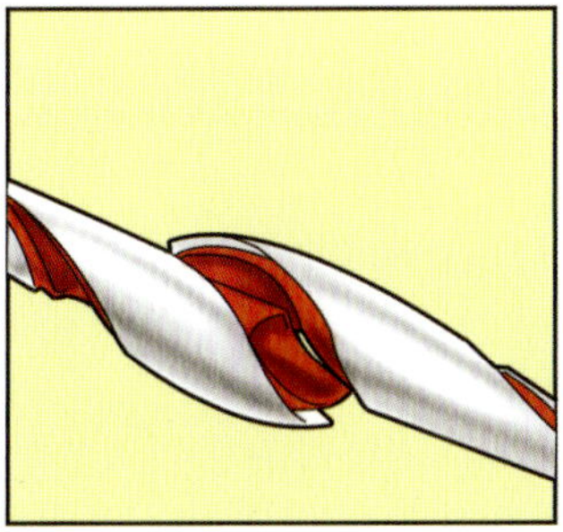

火炬交接时，两支火炬的顶部可以紧密相扣，象征着不同文明交流、握手，传递让世界更加相知相融的北京 2022 年冬奥会愿景。

比赛项目

北京 2022 年冬奥会分 7 个大项，分别是冬季两项、冰球、冰壶、雪车、雪橇、滑冰、滑雪。7 个大项下面又分出 15 个分项。

15 个分项又包括多个小项，每一个小项中会比出一块金牌。北京 2022 年冬奥会一共有 109 个小项，将产生 109 块金牌。

北京冬奥会赛区

人们习惯于将北京2022年冬奥会和冬残奥会简称为北京冬奥会。北京2022年冬奥会和冬残奥会的全部赛事活动将在北京市城区、北京市延庆区和河北省张家口市崇礼区这三个赛区举办。

国家高山滑雪中心——“雪飞燕”

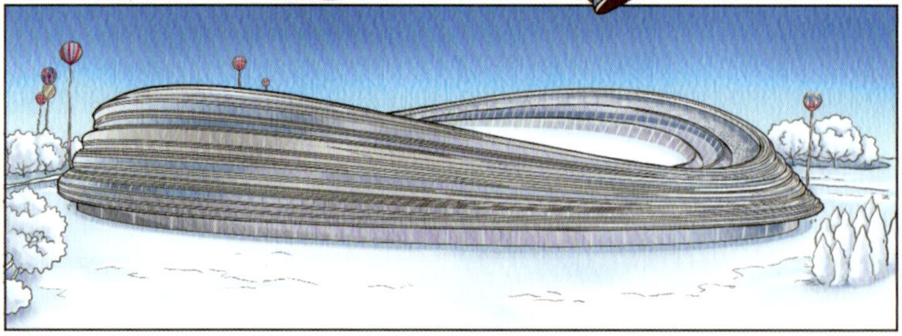

国家速滑馆——“冰丝带”

北京赛区将进行冰壶、冰球、短道速滑、花样滑冰、速度滑冰、自由式滑雪大跳台、单板滑雪大跳台、轮椅冰壶、残奥冰球的比赛。

延庆赛区将进行高山滑雪、雪车、钢架雪车、雪橇、残奥高山滑雪的比赛。

张家口赛区将进行自由式滑雪、单板滑雪、越野滑雪、跳台滑雪、北欧两项、冬季两项、残奥越野滑雪、残奥冬季两项、残奥单板滑雪的比赛。

北京 2022 年冬奥会比赛场馆、比赛项目

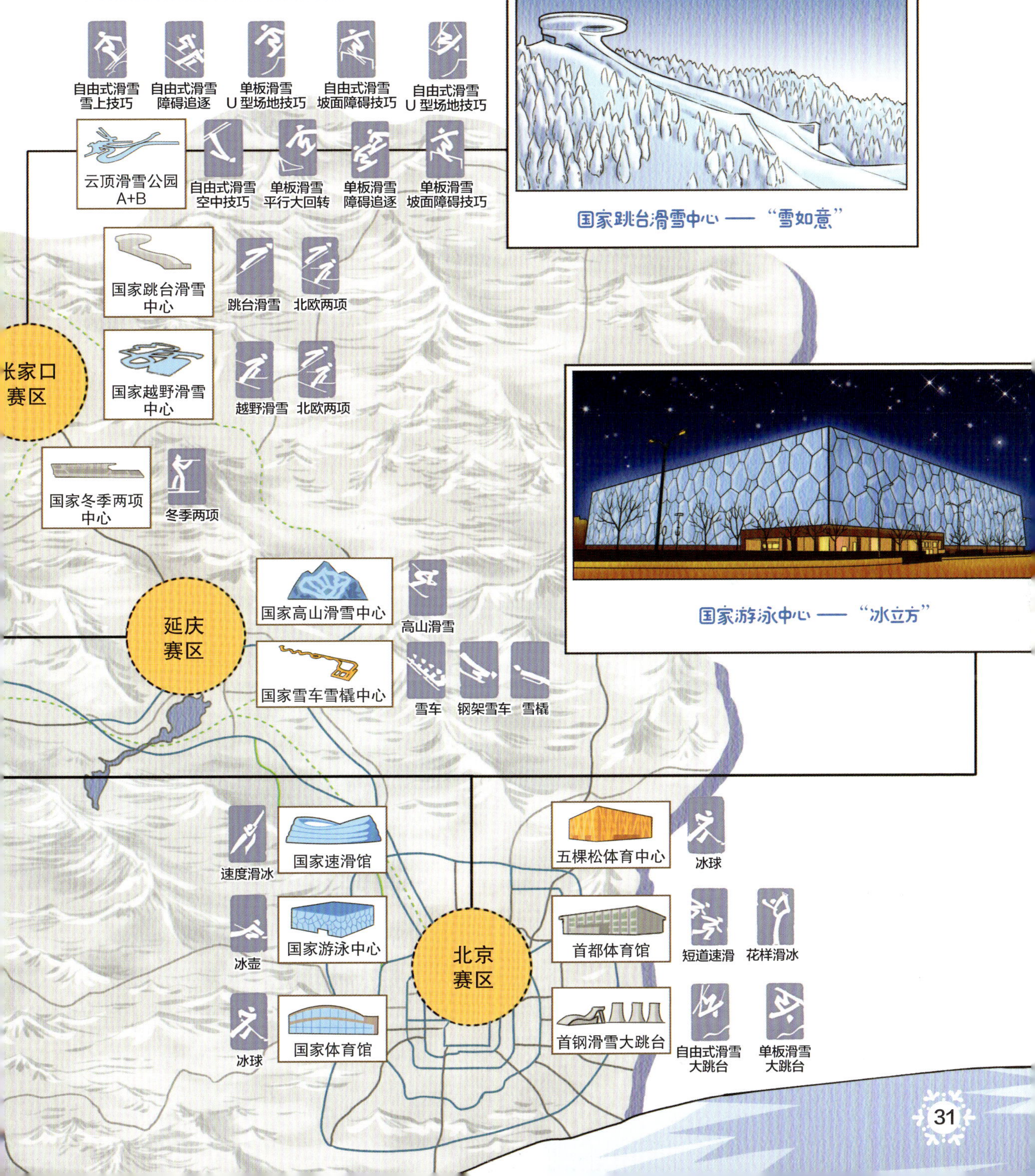

国家跳台滑雪中心——“雪如意”

国家游泳中心——“冰立方”

比赛时间

北京2022年冬奥会将于2022年2月4日（农历正月初四）在北京开幕，2月20日（农历正月二十）闭幕，一共进行17天的比赛。比赛时间正值中国的传统节日——春节。北京2022年冬残奥会将于2022年3月4日开幕，3月13日闭幕。冬奥会、冬残奥会的开幕式和闭幕式均在国家体育场举办。比赛期间如果你无法到现场去观看，可以和家人一起通过电视、网络直播等方式收看各项赛事，与全世界几十亿的观众共同关注比赛进程。

10:33:04

“双奥之城”

北京不仅举办了2008年夏季奥运会、残奥会，而且将举办2022年冬季奥运会、残奥会，两届奥运会的奥运场馆实现了功能转换，科学利用！

五棵松体育馆 篮球 → 冰球

首都体育馆 排球 → 短道速滑、花样滑冰

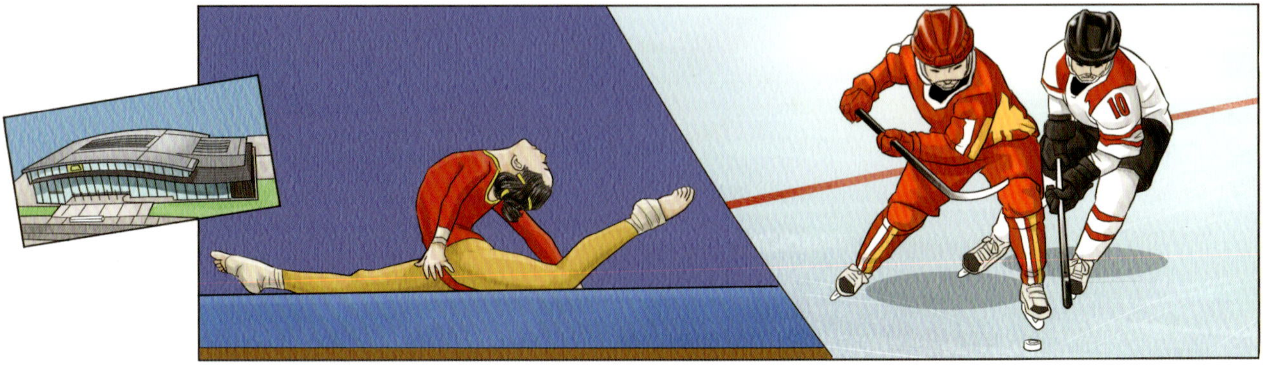

国家体育馆 竞技体操、蹦床、手球 → 冰球

北京2022年冬奥会场馆，在比赛时是各国健儿争金夺银的竞技舞台，冬奥会后，它们也将得到充分的可持续利用和多元融合发展，让更多的人参与冰雪运动！

北京冬奥会与奥运遗产

奥运会除了在比赛期间能给我们带来精彩的赛事、感动的故事外，还会给我们留下宝贵的奥运遗产。

什么是奥运遗产？

奥运遗产就是在申办、筹办和举办奥运会的过程中产生的有助于奥林匹克运动的普及、促进城市发展和造福大众的有形和无形财富的总和。

奥运遗产有哪些？

从遗产形态的角度，可分为有形遗产和无形遗产。

从宏观的角度，可分为物质遗产和精神遗产。

从微观的角度，可分为体育遗产、社会遗产、文化遗产、经济遗产、环境遗产、城市遗产等。

北京 2008 年奥运会形成了哪些重要的物质遗产？

奥运场馆及设施 国家体育场（鸟巢）、国家游泳中心（水立方）、国家网球中心、国家会议中心及奥林匹克森林公园等。

奥运标志及实物 北京奥运会会徽、吉祥物、火炬、奖牌、体育图标等。

奥运科技成果 国家体育场（鸟巢）钢结构设计、国家游泳中心（水立方）膜结构建设、数字高清电视转播技术、奥运火炬低温低氧燃烧技术等项目。

北京 2008 年奥运会形成了哪些重要的精神遗产?

三大理念 绿色奥运、科技奥运、人文奥运

北京奥运精神

志愿服务精神

助残扶残社会风尚

……

北京 2022 年冬奥会遗产分为哪 7 类?

体育遗产、经济遗产、社会遗产、文化遗产、环境遗产、城市发展遗产、区域发展遗产。

什么是“双奥遗产”?

北京是迄今为止世界上第 1 个既举办了夏奥会，又举办冬奥会的城市，被称为“双奥城市”。举办夏奥会和冬奥会形成的丰富的奥运遗产，被称为“双奥遗产”。

北京 2022 年冬奥会将会形成哪些重要的遗产?

绿色办奥，共享办奥，开放办奥，廉洁办奥的办奥理念；带动三亿人参与冰雪运动；京张体育文化旅游带……

京张高速铁路、国家速滑馆、国家高山滑雪中心、国家雪车雪橇中心、国家越野滑雪中心、国家冬季两项中心等。

北京奥运城市发展促进会以“传承奥运遗产，促进城市发展”为宗旨，弘扬奥林匹克精神，传承北京夏奥会和冬奥会形成的“双奥遗产”，促进北京及京津冀区域可持续发展。

北京奥运城市发展促进会

http://www.beijing2008.cn/

图书在版编目（CIP）数据

探秘北京冬奥会·趣谈知识 / 谢军总主编 ; 刘海元主编 ; 赵川绘. -- 北京 : 中国少年儿童出版社, 2021.10
ISBN 978-7-5148-5469-5

Ⅰ. ①探… Ⅱ. ①谢… ②刘… ③赵… Ⅲ. ①冬季奥运会一北京一少儿读物 Ⅳ. ①G811.212-49

中国版本图书馆CIP数据核字(2021)第073448号

TANMI BEIJING DONGAOHUI
QU TAN ZHISHI

出版发行：中国少年儿童新闻出版总社 中国少年儿童出版社
出 版 人：孙 柱
执行出版人：张晓楠

责任编辑：柯 超 齐 菁 王志宏　　责任校对：王 燕
美术编辑：张 璐　　助理校对：李凯娜
封面设计：张 璐　　责任印务：李 洋

社 址：北京市朝阳区建国门外大街丙12号　　邮政编码：100022
编 辑 部：010-57526809　　总编室：010-57526070
客 服 部：010-57526258　　官方网址：www.ccppg.cn

印刷：三河市中晟雅豪印务有限公司

开本：787mm×900mm 1/16　　印张：2.5
版次：2021年10月第1版　　印次：2021年10月河北第1次印刷
字数：50千字　　印数：10000册

ISBN 978-7-5148-5469-5　　定价：25.00元

图书出版质量投诉电话010-57526069，电子邮箱：cbzlts@ccppg.com.cn